Dieses Buch ist ein Schatz.
Heb es gut auf – du wirst
für immer eine Erinnerung
an Deine Schulzeit haben.

Meine Schulklasse

FOTO

Geburtstag _____

Sternzeichen _____

Geburtsort _____

Größe _____

Augenfarbe _____

Haarfarbe _____

Vor- und Zuname _____

Anschrift _____

_____ Telefon _____

Meine Lieblingsfarbe _____

Mein Lieblingstier _____

Mein Lieblingsgericht _____

Mein liebster Schriftsteller _____

Meine Lieblingsbücher _____

_____

Hobbys _____

_____

Sportarten _____

_____

Mein Lieblingssportler _____

Meine liebste Freizeitbeschäftigung _____

Mein liebster Song _____

Meine Lieblingsstars _____

_____

Und das wünsche ich Dir: _____

_____

_____

Dein (e) _____

„Kann mir einer von euch sagen, was das Morgengrauen ist?" fragt der Lehrer.
Eine Weile Schweigen. Dann meldet sich ein Junge: „Das ist das Grauen, das man empfindet, wenn man morgens zur Schule muß."

FOTO

Geburtstag _____

Sternzeichen _____

Geburtsort _____

Größe _____

Augenfarbe _____

Haarfarbe _____

Vor- und Zuname _____

Anschrift _____

_____ Telefon _____

Meine Lieblingsfarbe _____

Mein Lieblingstier _____

Mein Lieblingsgericht _____

Mein liebster Schriftsteller _____

Meine Lieblingsbücher _____

_____

Hobbys _____

Sportarten _____

_____

_____

Mein Lieblingssportler _____

_____

Mein liebster Song _____

_____

Meine Lieblingsstars _____

_____

Meine liebste Freizeitbeschäftigung _____

Und das wünsche ich Dir: _____

_____

_____

Dein(e) _____

Fritzchen berichtet: „Morgen ist keine Schule. Unser Lehrer verreist."
„Wohin denn?"
„Weiß nicht, er hat nur gesagt: ‚Schluß für heute, morgen fahre ich fort!'"

ULI · KATHRIN · JOCHEN · PI

OSWALD · NANNI · UWE · ALEXANDRA ·

FOTO

Geburtstag _____

Sternzeichen _____

Geburtsort _____

Größe _____

Augenfarbe _____

Haarfarbe _____

Vor- und Zuname _____

Anschrift _____

_____ Telefon _____

Meine Lieblingsfarbe _____

Mein Lieblingstier _____

Mein Lieblingsgericht _____

Mein liebster Schriftsteller _____

Meine Lieblingsbücher _____

_____

· RENATE · CHRISTIAN · PEP

BRUNO · ANNEMARIE · FRITZ · HANNERL · GREGORY · PETRA · WALTER · FLORIAN · INGEBORG · OLIVER

Hobbys _____

_____

Sportarten _____

_____

Mein Lieblingssportler _____

Meine liebste Freizeitbeschäftigung _____

Mein liebster Song _____

Meine Lieblingsstars _____

_____

Und das wünsche ich Dir: _____

_____

_____

Dein(e) _____

Der Lehrer fragt: „Wer weiß, wie lange Krokodile leben?"
Meldet sich Jens: „Genauso wie kurze."

FOTO

Geburtstag _____

Sternzeichen _____

Geburtsort _____

Größe _____

Augenfarbe _____

Haarfarbe _____

Vor- und Zuname _____

Anschrift _____

_____ Telefon _____

Meine Lieblingsfarbe _____

Mein Lieblingstier _____

Mein Lieblingsgericht _____

Mein liebster Schriftsteller _____

Meine Lieblingsbücher _____

_____

Hobbys _____

Sportarten _____

_____

_____

Mein Lieblingssportler _____

_____

Mein liebster Song _____

_____

Meine Lieblingsstars _____

_____

Meine liebste Freizeitbeschäftigung _____

Und das wünsche ich Dir: _____

_____

_____

Dein (e) _____

„Wer kann mir die Weinsorte nennen, die am Fuße des Vesuvs wächst?"
„Glühwein, Herr Lehrer!"

FOTO

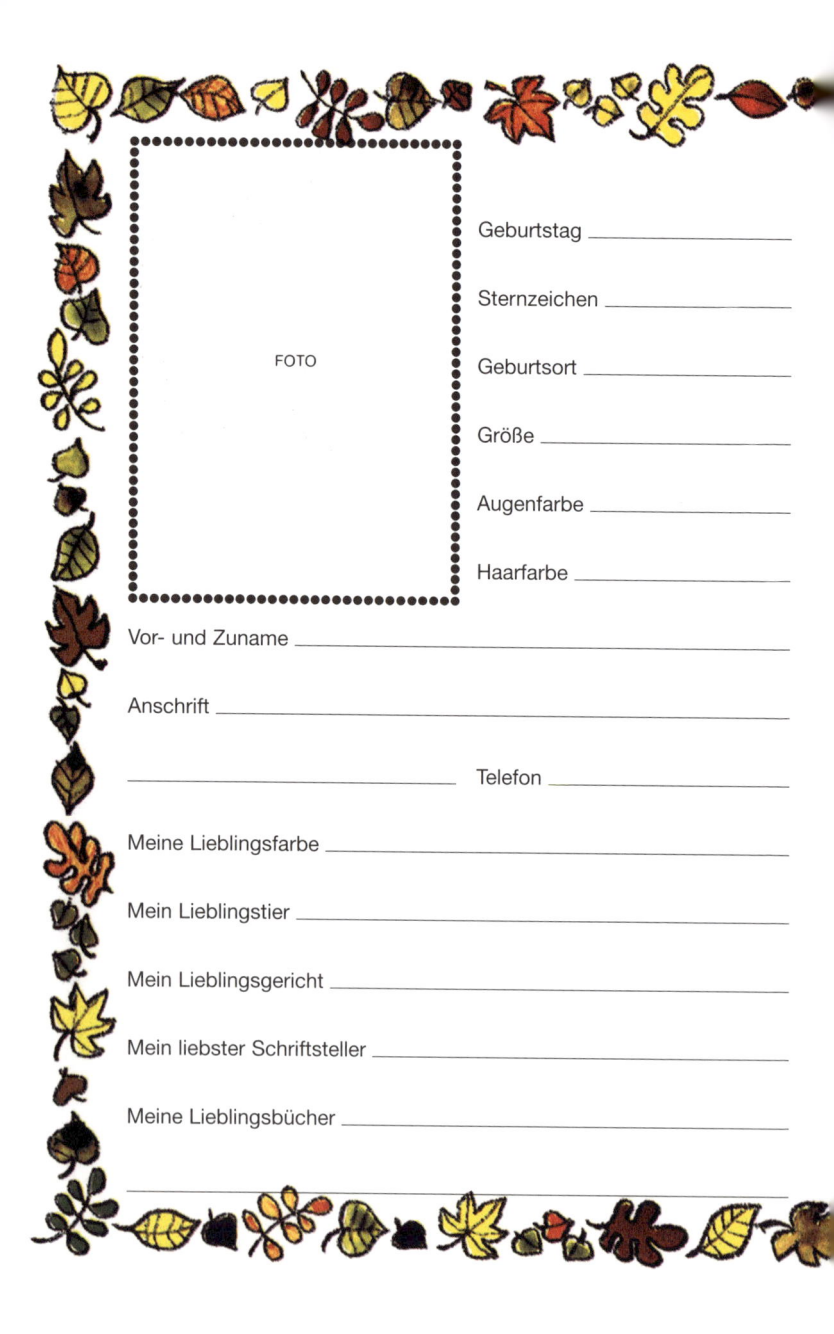

Geburtstag _____

Sternzeichen _____

Geburtsort _____

Größe _____

Augenfarbe _____

Haarfarbe _____

Vor- und Zuname _____

Anschrift _____

_____ Telefon _____

Meine Lieblingsfarbe _____

Mein Lieblingstier _____

Mein Lieblingsgericht _____

Mein liebster Schriftsteller _____

Meine Lieblingsbücher _____

_____

Hobbys _____

_____

Sportarten _____

_____

Mein Lieblingssportler _____

Meine liebste Freizeitbeschäftigung _____

Mein liebster Song _____

Meine Lieblingsstars _____

_____

Und das wünsche ich Dir: _____

_____

_____

Dein(e) _____

„Könnt ihr mir ein seltsames Organ des menschlichen Körpers nennen?" fragt der Lehrer.
„Die Nase!" ruft ein Schüler. Sie hat die Wurzel oben, die Flügel unten und den Rücken vorne!"

FOTO

Geburtstag _____

Sternzeichen _____

Geburtsort _____

Größe _____

Augenfarbe _____

Haarfarbe _____

Vor- und Zuname _____

Anschrift _____

_____ Telefon _____

Meine Lieblingsfarbe _____

Mein Lieblingstier _____

Mein Lieblingsgericht _____

Mein liebster Schriftsteller _____

Meine Lieblingsbücher _____

_____

Hobbys _____

Sportarten _____

_____

Mein Lieblingssportler _____

_____

Mein liebster Song _____

_____

Meine Lieblingsstars _____

_____

Meine liebste Freizeitbeschäftigung _____

Und das wünsche ich Dir: _____

_____

_____

Dein(e) _____

Hugo, der als schlimmer Rowdy in der Klasse gilt, wird vom Lehrer gefragt:
„Wer hat Hannibal geschlagen?"
„Also diesmal war ich es ganz bestimmt nicht!"

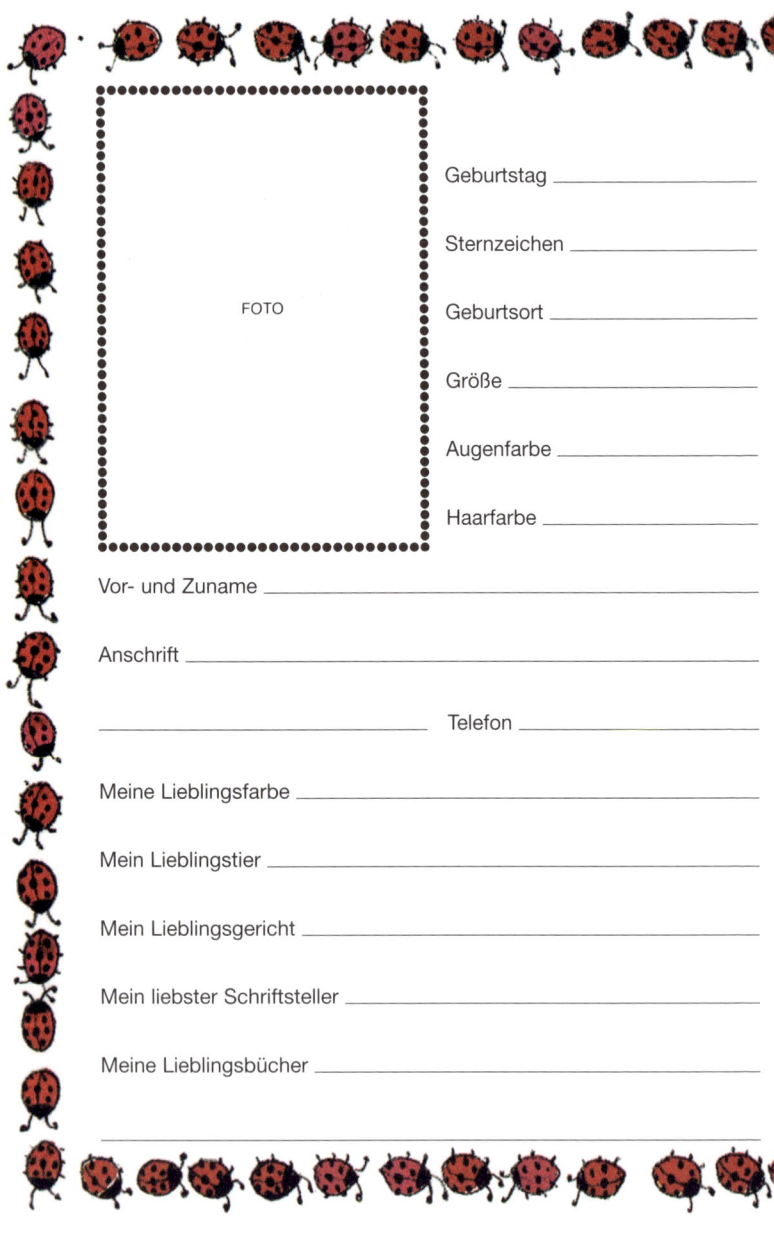

FOTO

Geburtstag _____

Sternzeichen _____

Geburtsort _____

Größe _____

Augenfarbe _____

Haarfarbe _____

Vor- und Zuname _____

Anschrift _____

_____ Telefon _____

Meine Lieblingsfarbe _____

Mein Lieblingstier _____

Mein Lieblingsgericht _____

Mein liebster Schriftsteller _____

Meine Lieblingsbücher _____

_____

Hobbys _____

_____

Sportarten _____

_____

Mein Lieblingssportler _____

Meine liebste Freizeitbeschäftigung _____

Mein liebster Song _____

Meine Lieblingsstars _____

_____

Und das wünsche ich Dir: _____

_____

_____

Dein(e) _____

„Einen schönen Gruß von meinem Lehrer soll ich dir bestellen, Papa, und morgen Abend um acht ist Elternabend im kleinen Kreis."
„Wieso im kleinen Kreis?"
„Na ja, du und der Lehrer."

FOTO

Geburtstag _____

Sternzeichen _____

Geburtsort _____

Größe _____

Augenfarbe _____

Haarfarbe _____

Vor- und Zuname _____

Anschrift _____

_____ Telefon _____

Meine Lieblingsfarbe _____

Mein Lieblingstier _____

Mein Lieblingsgericht _____

Mein liebster Schriftsteller _____

Meine Lieblingsbücher _____

_____

Hobbys _____

Sportarten _____

_____

_____

Mein Lieblingssportler _____

_____

Mein liebster Song _____

_____

Meine Lieblingsstars _____

_____

Meine liebste Freizeitbeschäftigung _____

Und das wünsche ich Dir: _____

_____

_____

Dein(e) _____

Die Lehrerin in der Deutschstunde: „Ich komme nicht, du kommst nicht, er kommt nicht, sie kommt nicht. Was bedeutet das, Fritz?"
„Daß überhaupt niemand kommt."

FOTO

Geburtstag _____

Sternzeichen _____

Geburtsort _____

Größe _____

Augenfarbe _____

Haarfarbe _____

Vor- und Zuname _____

Anschrift _____

_____ Telefon _____

Meine Lieblingsfarbe _____

Mein Lieblingstier _____

Mein Lieblingsgericht _____

Mein liebster Schriftsteller _____

Meine Lieblingsbücher _____

_____

Hobbys _____

_____

Sportarten _____

_____

Mein Lieblingssportler _____

Meine liebste Freizeitbeschäftigung _____

Mein liebster Song _____

Meine Lieblingsstars _____

_____

Und das wünsche ich Dir: _____

_____

_____

Dein(e) _____

In der Schule wurde über das Tote Meer gesprochen. Am nächsten Tag fragt die Lehrerin: „Wißt ihr noch, wovon ich euch gestern erzählt habe?"
„Vom gestorbenen Wasser!"

FOTO

Geburtstag _____

Sternzeichen _____

Geburtsort _____

Größe _____

Augenfarbe _____

Haarfarbe _____

Vor- und Zuname _____

Anschrift _____

_____ Telefon _____

Meine Lieblingsfarbe _____

Mein Lieblingstier _____

Mein Lieblingsgericht _____

Mein liebster Schriftsteller _____

Meine Lieblingsbücher _____

_____

Hobbys _____

Sportarten _____

_____

_____

Mein Lieblingssportler _____

_____

Mein liebster Song _____

_____

Meine Lieblingsstars _____

_____

Meine liebste Freizeitbeschäftigung _____

Und das wünsche ich Dir: _____

_____

_____

Dein(e) _____

Aus einem Schüleraufsatz:
„Am Sonntag kamen die neuen Glocken für unsere Kirche. Der Bürgermeister hielt eine lange Rede. Dann schüttelte ihm der Pfarrer die Hand. Anschließend wurden sie aufgehängt."

OTTO · MARTINA · RAINER ·

FOTO

Geburtstag _____

Sternzeichen _____

Geburtsort _____

Größe _____

Augenfarbe _____

Haarfarbe _____

Vor- und Zuname _____

Anschrift _____

_____ Telefon _____

Meine Lieblingsfarbe _____

Mein Lieblingstier _____

Mein Lieblingsgericht _____

Mein liebster Schriftsteller _____

Meine Lieblingsbücher _____

_____

· NORBERT · GUDRUN · MAXL · SABINE ·

· CLAUDIA · BENI · RIA · CHA

SY · KARLCHEN · BARBARA ·

Hobbys _____

_____

Sportarten _____

_____

Mein Lieblingssportler _____

Meine liebste Freizeitbeschäftigung _____

Mein liebster Song _____

Meine Lieblingsstars _____

_____

Und das wünsche ich Dir: _____

_____

_____

Dein (e) _____

„Wie unterscheidet man die Schlangen, Dieter?" fragt der Lehrer.
„Wenn sie gut sehen, dann sind es Seeschlangen, wenn sie schlecht sehen,
Brillenschlangen, und wenn sie gar nichts mehr sehen, dann sind es
Blindschleichen", antwortet Dieter.

· BRIGITTE · KURTI · DORIS

NORBERT · LOTTI · PETER · ANGELA · TONY

FOTO

Geburtstag _____

Sternzeichen _____

Geburtsort _____

Größe _____

Augenfarbe _____

Haarfarbe _____

Vor- und Zuname _____

Anschrift _____

_____ Telefon _____

Meine Lieblingsfarbe _____

Mein Lieblingstier _____

Mein Lieblingsgericht _____

Mein liebster Schriftsteller _____

Meine Lieblingsbücher _____

_____

Hobbys _____

Sportarten _____

_____

_____

Mein Lieblingssportler _____

_____

Mein liebster Song _____

_____

Meine Lieblingsstars _____

_____

Meine liebste Freizeitbeschäftigung _____

Und das wünsche ich Dir: _____

_____

_____

Dein(e) _____

„Karli, wenn ich sage: Das Lernen macht mir Freude, was für ein Fall ist das?"
„Ein seltener Fall, Herr Lehrer."

FOTO

Geburtstag _____

Sternzeichen _____

Geburtsort _____

Größe _____

Augenfarbe _____

Haarfarbe _____

Vor- und Zuname _____

Anschrift _____

_____ Telefon _____

Meine Lieblingsfarbe _____

Mein Lieblingstier _____

Mein Lieblingsgericht _____

Mein liebster Schriftsteller _____

Meine Lieblingsbücher _____

_____

Hobbys _____

_____

Sportarten _____

_____

Mein Lieblingssportler _____

Meine liebste Freizeitbeschäftigung _____

Mein liebster Song _____

Meine Lieblingsstars _____

_____

Und das wünsche ich Dir: _____

_____

_____

Dein(e) _____

Als die Klasse den Tiergarten besichtigt, entdeckt Anni am Gehege für Zebras ein Schild: „Achtung! Frisch gestrichen!"
Staunend sagt sie zu ihrer Freundin: „Und ich hab gemeint, die Streifen wären echt!"

FOTO

Geburtstag _____

Sternzeichen _____

Geburtsort _____

Größe _____

Augenfarbe _____

Haarfarbe _____

Vor- und Zuname _____

Anschrift _____

_____ Telefon _____

Meine Lieblingsfarbe _____

Mein Lieblingstier _____

Mein Lieblingsgericht _____

Mein liebster Schriftsteller _____

Meine Lieblingsbücher _____

_____

Hobbys _____

Sportarten _____

_____

_____

Mein Lieblingssportler _____

_____

Mein liebster Song _____

_____

Meine Lieblingsstars _____

_____

Meine liebste Freizeitbeschäftigung _____

Und das wünsche ich Dir: _____

_____

_____

Dein(e) _____

„Herr Professor, Sie wollten doch heute über das Gehirn sprechen!"
„Ja, aber darüber ein andermal. Heute habe ich etwas anderes im Kopf!"

	Geburtstag _____
	Sternzeichen _____
FOTO	Geburtsort _____
	Größe _____
	Augenfarbe _____
	Haarfarbe _____

Vor- und Zuname _____

Anschrift _____

_____ Telefon _____

Meine Lieblingsfarbe _____

Mein Lieblingstier _____

Mein Lieblingsgericht _____

Mein liebster Schriftsteller _____

Meine Lieblingsbücher _____

_____

Hobbys _____

_____

Sportarten _____

_____

Mein Lieblingssportler _____

Meine liebste Freizeitbeschäftigung _____

Mein liebster Song _____

Meine Lieblingsstars _____

_____

Und das wünsche ich Dir: _____

_____

_____

Dein(e) _____

„Ich weiß wirklich nicht, warum ich überhaupt Englisch lernen muß", jammert Peter in der Schule.
„Aber Peter, die halbe Welt spricht Englisch."
„Na, das genügt doch schon."

FOTO

Geburtstag _____

Sternzeichen _____

Geburtsort _____

Größe _____

Augenfarbe _____

Haarfarbe _____

Vor- und Zuname _____

Anschrift _____

_____ Telefon _____

Meine Lieblingsfarbe _____

Mein Lieblingstier _____

Mein Lieblingsgericht _____

Mein liebster Schriftsteller _____

Meine Lieblingsbücher _____

_____

Hobbys _____

Sportarten _____

_____

_____

Mein Lieblingssportler _____

_____

Mein liebster Song _____

_____

Meine Lieblingsstars _____

_____

Meine liebste Freizeitbeschäftigung _____

Und das wünsche ich Dir: _____

_____

_____

Dein(e) _____

„Unser Wellensittich ist fortgeflogen!" sagt die Mutter, als Emil aus der Schule kommt.
„Darum hat er gestern, als ich die Hausaufgaben machte, die ganze Zeit auf meiner Schulter gesessen und in den Atlas geguckt!"

FOTO

Geburtstag _____

Sternzeichen _____

Geburtsort _____

Größe _____

Augenfarbe _____

Haarfarbe _____

Vor- und Zuname _____

Anschrift _____

_____ Telefon _____

Meine Lieblingsfarbe _____

Mein Lieblingstier _____

Mein Lieblingsgericht _____

Mein liebster Schriftsteller _____

Meine Lieblingsbücher _____

_____

Hobbys _____

_____

Sportarten _____

_____

Mein Lieblingssportler _____

Meine liebste Freizeitbeschäftigung _____

Mein liebster Song _____

Meine Lieblingsstars _____

_____

Und das wünsche ich Dir: _____

_____

_____

Dein(e) _____

„Balduin, was ist zwei und sechs?"
„Neun, Herr Lehrer."
„Falsch, acht."
„Unmöglich. Vier und vier ist schon acht!"

FOTO

Geburtstag _____

Sternzeichen _____

Geburtsort _____

Größe _____

Augenfarbe _____

Haarfarbe _____

Vor- und Zuname _____

Anschrift _____

_____ Telefon _____

Meine Lieblingsfarbe _____

Mein Lieblingstier _____

Mein Lieblingsgericht _____

Mein liebster Schriftsteller _____

Meine Lieblingsbücher _____

_____

Hobbys _____

Sportarten _____

_____

_____

Mein Lieblingssportler _____

_____

Mein liebster Song _____

_____

Meine Lieblingsstars _____

_____

Meine liebste Freizeitbeschäftigung _____

Und das wünsche ich Dir: _____

_____

_____

Dein(e) _____

Ein schottischer Lehrer erklärt im Chemieunterricht die Wirkung von Säuren.
„Hier in diese Säure werfe ich ein Geldstück. Wird es sich auflösen?"
„Nein", rufen die Schüler einstimmig.
„Sehr gut! Und warum nicht?"
„Weil Sie es dann nicht hineinwerfen würden."

ULI · KATHRIN · JOCHEN · P[...]

ALEXANDRA

FOTO

Geburtstag _____

Sternzeichen _____

Geburtsort _____

Größe _____

Augenfarbe _____

Haarfarbe _____

Vor- und Zuname _____

Anschrift _____

_____ Telefon _____

Meine Lieblingsfarbe _____

Mein Lieblingstier _____

Mein Lieblingsgericht _____

Mein liebster Schriftsteller _____

Meine Lieblingsbücher _____

_____

OSWALD · NANNI · UWE ·

· RENATE · CHRISTIAN · PEP[...]

BRUNO · ANNEMARIE · FRITZ · HANNERL · GREGORY · PETRA · WALTER · FLORIAN · INGEBORG · OLIVER

Hobbys _____

_____

Sportarten _____

_____

Mein Lieblingssportler _____

Meine liebste Freizeitbeschäftigung _____

Mein liebster Song _____

Meine Lieblingsstars _____

_____

Und das wünsche ich Dir: _____

_____

_____

Dein(e) _____

Im Deutschunterricht fragt der Lehrer: „Was ist das für eine Zeit: Ich habe Mittag gegessen?"
Peter: „Eine Mahlzeit."

FOTO

Geburtstag _____

Sternzeichen _____

Geburtsort _____

Größe _____

Augenfarbe _____

Haarfarbe _____

Vor- und Zuname _____

Anschrift _____

_____ Telefon _____

Meine Lieblingsfarbe _____

Mein Lieblingstier _____

Mein Lieblingsgericht _____

Mein liebster Schriftsteller _____

Meine Lieblingsbücher _____

_____

Hobbys _____

Sportarten _____

_____

_____

Mein Lieblingssportler _____

_____

Mein liebster Song _____

_____

Meine Lieblingsstars _____

_____

Meine liebste Freizeitbeschäftigung _____

Und das wünsche ich Dir: _____

_____

_____

Dein(e) _____

Es hat Zeugnisse gegeben. Fritz zeigt seinem Vater das Blatt.
„So ein mieses Zeugnis hast du ja noch nie gehabt!" brüllt der Vater wütend.
„Nee, Papa", freut sich Fritz, „das ist ja auch gar nicht von mir. Das habe ich in deinen alten Sachen auf dem Dachboden gefunden."

FOTO

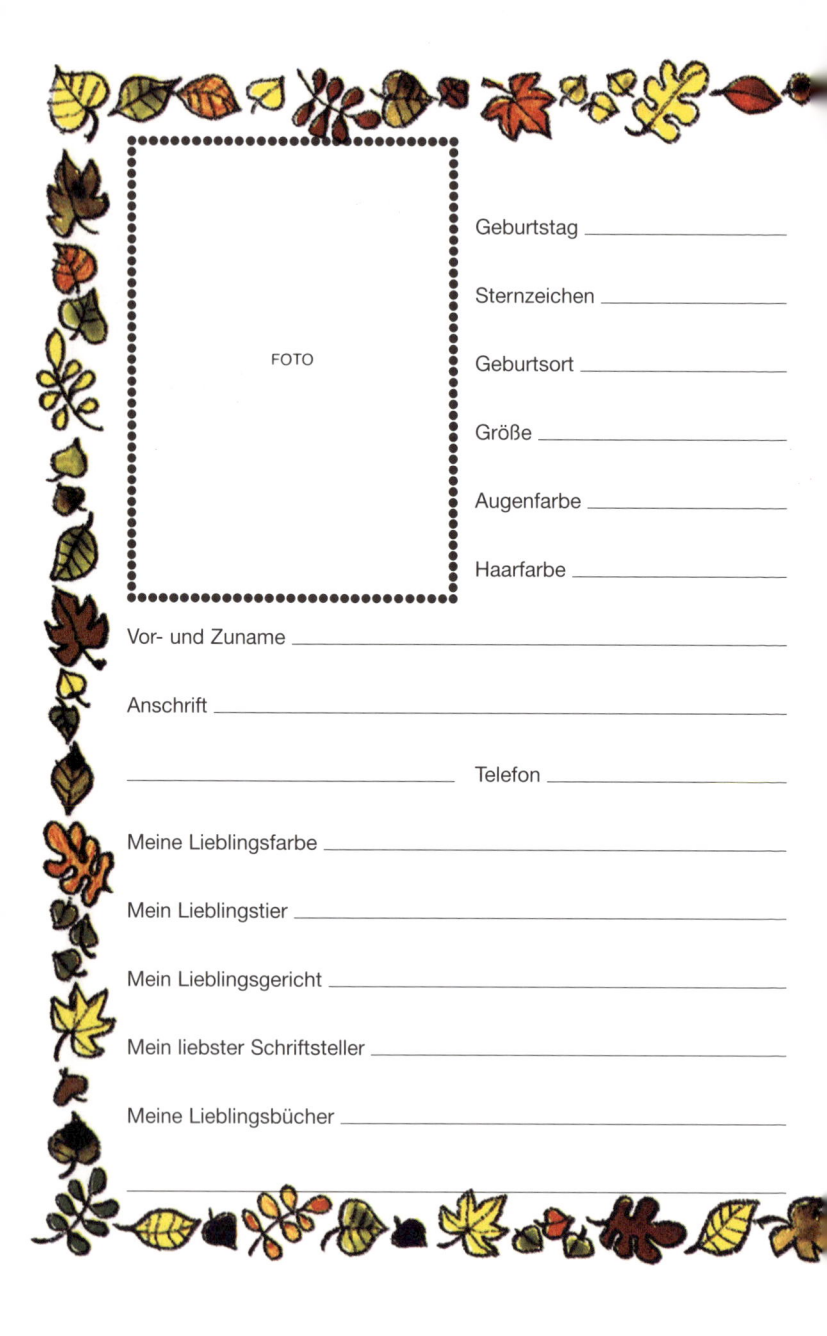

Geburtstag _____

Sternzeichen _____

Geburtsort _____

Größe _____

Augenfarbe _____

Haarfarbe _____

Vor- und Zuname _____

Anschrift _____

_____ Telefon _____

Meine Lieblingsfarbe _____

Mein Lieblingstier _____

Mein Lieblingsgericht _____

Mein liebster Schriftsteller _____

Meine Lieblingsbücher _____

Hobbys _____

_____

Sportarten _____

_____

Mein Lieblingssportler _____

Meine liebste Freizeitbeschäftigung _____

Mein liebster Song _____

Meine Lieblingsstars _____

_____

Und das wünsche ich Dir: _____

_____

_____

Dein(e) _____

Der Lehrer fragt: „Drei mal sieben – was kommt da heraus?"
„Feiner Sand", antwortet Fritzchen.

FOTO

Geburtstag _____

Sternzeichen _____

Geburtsort _____

Größe _____

Augenfarbe _____

Haarfarbe _____

Vor- und Zuname _____

Anschrift _____

_____ Telefon _____

Meine Lieblingsfarbe _____

Mein Lieblingstier _____

Mein Lieblingsgericht _____

Mein liebster Schriftsteller _____

Meine Lieblingsbücher _____

_____

Hobbys _____

Sportarten _____

_____

_____

Mein Lieblingssportler _____

_____

Mein liebster Song _____

_____

Meine Lieblingsstars _____

_____

Meine liebste Freizeitbeschäftigung _____

Und das wünsche ich Dir: _____

_____

_____

Dein (e)

Der Lehrer fragt Mariechen: „Wie nennt man einen Menschen, der stiehlt!"
„Das weiß ich nicht."
Der Lehrer hilft ihr: „Nun denke mal scharf nach: Wenn ich meine Hand in deine Tasche stecke und eine Mark herausziehe, was bin ich dann?"
Mariechen schaut den Lehrer strahlend an und sagt: „Dann sind Sie ein Zauberer, Herr Lehrer."

FOTO

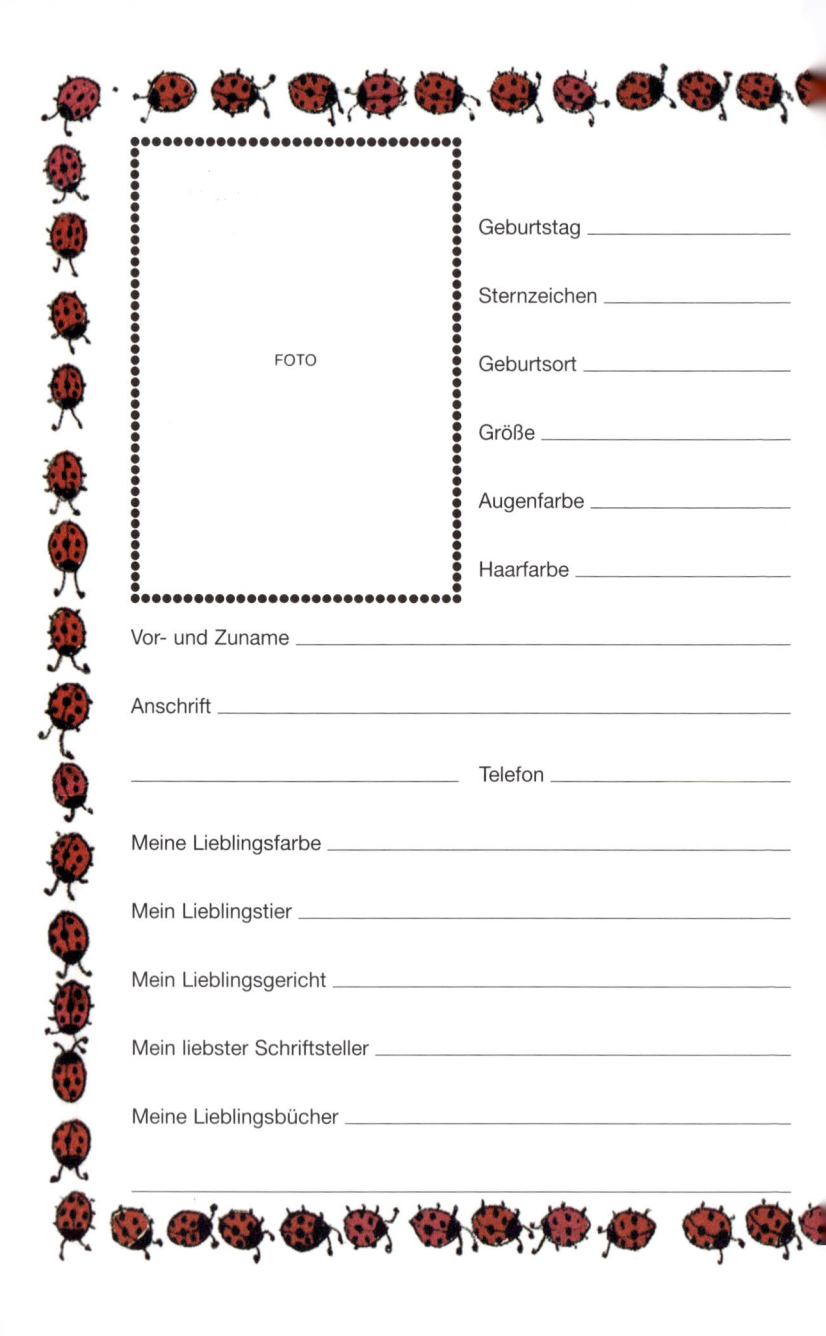

Geburtstag _____

Sternzeichen _____

Geburtsort _____

Größe _____

Augenfarbe _____

Haarfarbe _____

Vor- und Zuname _____

Anschrift _____

_____ Telefon _____

Meine Lieblingsfarbe _____

Mein Lieblingstier _____

Mein Lieblingsgericht _____

Mein liebster Schriftsteller _____

Meine Lieblingsbücher _____

_____

Hobbys _____

_____

Sportarten _____

_____

Mein Lieblingssportler _____

Meine liebste Freizeitbeschäftigung _____

Mein liebster Song _____

Meine Lieblingsstars _____

_____

Und das wünsche ich Dir: _____

_____

_____

Dein (e) _____

Der Lehrer fragt: „Peter kannst du mir sagen, wo Bordeaux liegt?"
„Ja, in Vaters Weinkeller!"

FOTO

Geburtstag _____

Sternzeichen _____

Geburtsort _____

Größe _____

Augenfarbe _____

Haarfarbe _____

Vor- und Zuname _____

Anschrift _____

_____ Telefon _____

Meine Lieblingsfarbe _____

Mein Lieblingstier _____

Mein Lieblingsgericht _____

Mein liebster Schriftsteller _____

Meine Lieblingsbücher _____

_____

Hobbys _____

Sportarten _____

_____

_____

Mein Lieblingssportler _____

_____

Mein liebster Song _____

_____

Meine Lieblingsstars _____

_____

Meine liebste Freizeitbeschäftigung _____

Und das wünsche ich Dir: _____

_____

_____

Dein(e) _____

Emil kommt nach Hause. Sein Vater fragt: „Wo ist denn dein Zeugnis, ihr habt es doch heute bekommen?"
„Och", antwortet Emil, „das habe ich Fritz geliehen, der will damit seinen Vater erschrecken!"

FOTO

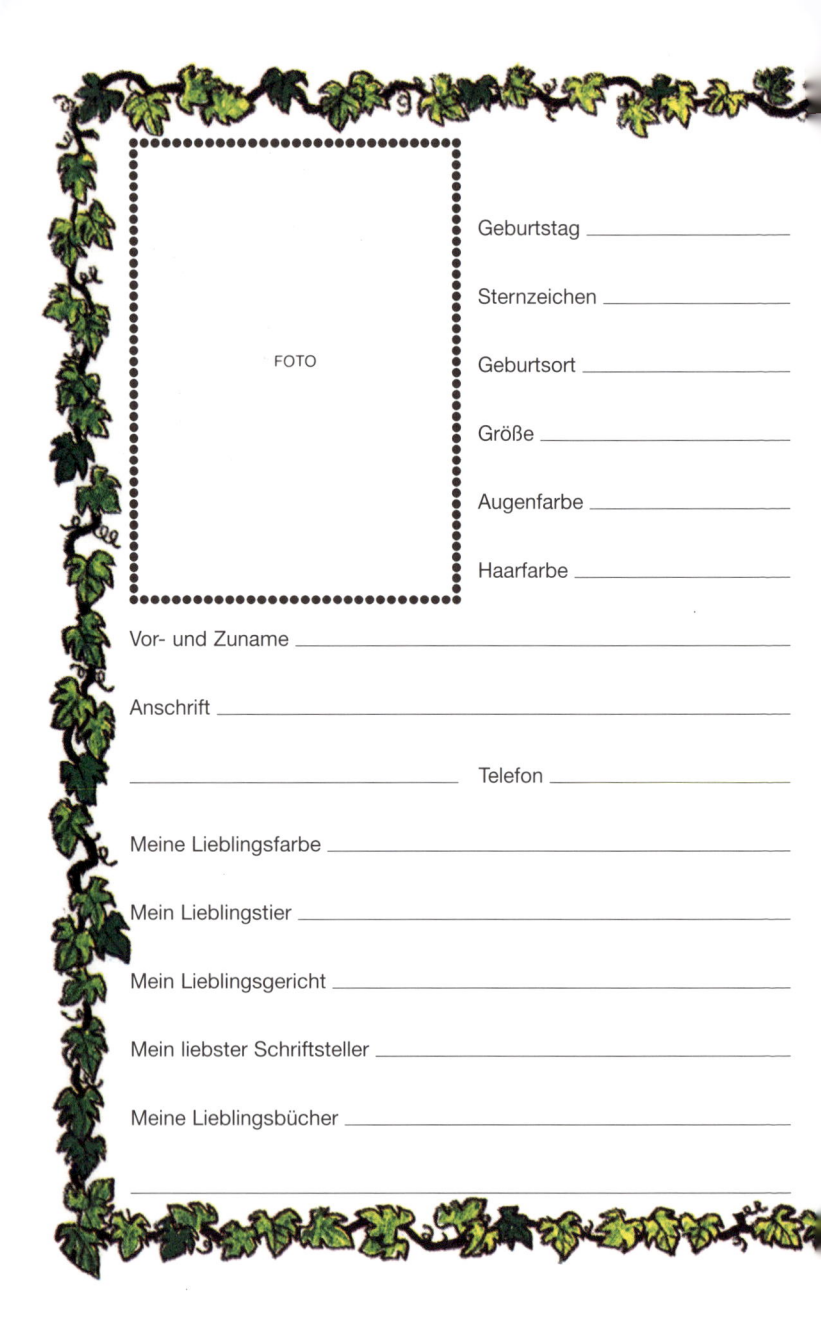

Geburtstag _____

Sternzeichen _____

Geburtsort _____

Größe _____

Augenfarbe _____

Haarfarbe _____

Vor- und Zuname _____

Anschrift _____

_____ Telefon _____

Meine Lieblingsfarbe _____

Mein Lieblingstier _____

Mein Lieblingsgericht _____

Mein liebster Schriftsteller _____

Meine Lieblingsbücher _____

_____

Hobbys _____

_____

Sportarten _____

_____

Mein Lieblingssportler _____

Meine liebste Freizeitbeschäftigung _____

Mein liebster Song _____

Meine Lieblingsstars _____

_____

Und das wünsche ich Dir: _____

_____

_____

Dein(e) _____

Lehrer: „Jetzt rechnen wir mal ohne Taschenrechner, wieviel ist sieben mal neun?"
„Und bis wann brauchen Sie das Ergebnis?" fragt Maxl.

FOTO

Geburtstag _____

Sternzeichen _____

Geburtsort _____

Größe _____

Augenfarbe _____

Haarfarbe _____

Vor- und Zuname _____

Anschrift _____

_____ Telefon _____

Meine Lieblingsfarbe _____

Mein Lieblingstier _____

Mein Lieblingsgericht _____

Mein liebster Schriftsteller _____

Meine Lieblingsbücher _____

_____

Hobbys _____

Sportarten _____

_____

_____

Mein Lieblingssportler _____

_____

Mein liebster Song _____

_____

Meine Lieblingsstars _____

_____

Meine liebste Freizeitbeschäftigung _____

Und das wünsche ich Dir: _____

_____

_____

Dein(e) _____

> Der Lehrer hat die Aufsatzhefte zurückgegeben. Birgit betrachtet nachdenklich, was er unter ihren Aufsatz geschrieben hat. Dann fragt sie: „Herr Lehrer, was haben Sie druntergeschrieben?"
> Erklärt der Lehrer: „Das heißt: du sollst leserlich schreiben!"

OTTO · MARTINA · RAINER ·

NORBERT · GUDRUN · MAXL · SABINE ·

FOTO

Geburtstag _____

Sternzeichen _____

Geburtsort _____

Größe _____

Augenfarbe _____

Haarfarbe _____

Vor- und Zuname _____

Anschrift _____

_____ Telefon _____

Meine Lieblingsfarbe _____

Mein Lieblingstier _____

Mein Lieblingsgericht _____

Mein liebster Schriftsteller _____

Meine Lieblingsbücher _____

· CLAUDIA · BENI · RIA · CHA

SY · KARLCHEN · BARBARA ·
NORBERT · LOTTI · PETER · ANGELA · TONY

Hobbys _____

_____

Sportarten _____

_____

Mein Lieblingssportler _____

Meine liebste Freizeitbeschäftigung _____

Mein liebster Song _____

Meine Lieblingsstars _____

_____

Und das wünsche ich Dir: _____

_____

_____

Dein (e) _____

„Mein Vater hat mir 40 DM versprochen, wenn ich eine Eins schreibe."
„Na dann streng dich mal tüchtig an!" ermuntert der Lehrer Peter.
„Ach, ich weiß was Besseres, Herr Lehrer." Sie schreiben mir das nächste
Mal einfach eine Eins drunter. Und dann machen wir halbe halbe!"

· BRIGITTE · KURTI · DORIS ·

FOTO

Geburtstag _____

Sternzeichen _____

Geburtsort _____

Größe _____

Augenfarbe _____

Haarfarbe _____

Vor- und Zuname _____

Anschrift _____

_____ Telefon _____

Meine Lieblingsfarbe _____

Mein Lieblingstier _____

Mein Lieblingsgericht _____

Mein liebster Schriftsteller _____

Meine Lieblingsbücher _____

_____

Hobbys _____

Sportarten _____

_____

_____

Mein Lieblingssportler _____

_____

Mein liebster Song _____

_____

Meine Lieblingsstars _____

_____

Meine liebste Freizeitbeschäftigung _____

Und das wünsche ich Dir: _____

_____

_____

Dein(e) _____

„Wer weiß denn in eurer Klasse am meisten?" will der Schulrat von den Kindern wissen.
Da meldet sich Fritzchen: „Der Lehrer!"

FOTO

Geburtstag _____

Sternzeichen _____

Geburtsort _____

Größe _____

Augenfarbe _____

Haarfarbe _____

Vor- und Zuname _____

Anschrift _____

_____ Telefon _____

Meine Lieblingsfarbe _____

Mein Lieblingstier _____

Mein Lieblingsgericht _____

Mein liebster Schriftsteller _____

Meine Lieblingsbücher _____

Hobbys _____

_____

Sportarten _____

_____

Mein Lieblingssportler _____

Meine liebste Freizeitbeschäftigung _____

Mein liebster Song _____

Meine Lieblingsstars _____

_____

Und das wünsche ich Dir: _____

_____

_____

Dein(e) _____

Lehrer: „Warum bewundern wir die alten Römer?"
Schüler: „Weil die fließend Latein sprachen."

FOTO

Geburtstag _____

Sternzeichen _____

Geburtsort _____

Größe _____

Augenfarbe _____

Haarfarbe _____

Vor- und Zuname _____

Anschrift _____

_____ Telefon _____

Meine Lieblingsfarbe _____

Mein Lieblingstier _____

Mein Lieblingsgericht _____

Mein liebster Schriftsteller _____

Meine Lieblingsbücher _____

_____

Hobbys _____

Sportarten _____

_____

_____

Mein Lieblingssportler _____

_____

Mein liebster Song _____

_____

Meine Lieblingsstars _____

_____

Meine liebste Freizeitbeschäftigung _____

Und das wünsche ich Dir: _____

_____

_____

Dein(e) _____

Lehrer: „Ein altes Sprichwort sagt: Eigenlob stinkt!"
Meldet sich der Max: „Herr Lehrer, der Willi muß sich gerade selbst gelobt haben…"

FOTO

Geburtstag _____

Sternzeichen _____

Geburtsort _____

Größe _____

Augenfarbe _____

Haarfarbe _____

Vor- und Zuname _____

Anschrift _____

_____ Telefon _____

Meine Lieblingsfarbe _____

Mein Lieblingstier _____

Mein Lieblingsgericht _____

Mein liebster Schriftsteller _____

Meine Lieblingsbücher _____

_____

Hobbys _____

_____

Sportarten _____

_____

Mein Lieblingssportler _____

Meine liebste Freizeitbeschäftigung _____

Mein liebster Song _____

Meine Lieblingsstars _____

_____

Und das wünsche ich Dir: _____

_____

_____

Dein(e) _____

Lehrer: „Wenn die Schüler in den hinteren Bänken so leise wären wie die Schüler, die in den mittleren Bänken Comics lesen, dann könnten die Schüler hier vorne wenigstens ungestört weiterschlafen!"

FOTO

Geburtstag _____

Sternzeichen _____

Geburtsort _____

Größe _____

Augenfarbe _____

Haarfarbe _____

Vor- und Zuname _____

Anschrift _____

_____ Telefon _____

Meine Lieblingsfarbe _____

Mein Lieblingstier _____

Mein Lieblingsgericht _____

Mein liebster Schriftsteller _____

Meine Lieblingsbücher _____

_____

Hobbys _____

Sportarten _____

_____

_____

Mein Lieblingssportler _____

_____

Mein liebster Song _____

_____

Meine Lieblingsstars _____

_____

Meine liebste Freizeitbeschäftigung _____

Und das wünsche ich Dir: _____

_____

_____

Dein(e) _____

Vater zum Lehrer: „Finden Sie nicht, Herr Mayer, daß mein Sohn sehr viele, sehr originelle Einfälle hat?"
„Ja, schon", stöhnt der Lehrer, „vor allem in der Rechtschreibung!"

FOTO

Geburtstag _____

Sternzeichen _____

Geburtsort _____

Größe _____

Augenfarbe _____

Haarfarbe _____

Vor- und Zuname _____

Anschrift _____

_____ Telefon _____

Meine Lieblingsfarbe _____

Mein Lieblingstier _____

Mein Lieblingsgericht _____

Mein liebster Schriftsteller _____

Meine Lieblingsbücher _____

Hobbys _____

_____

Sportarten _____

_____

Mein Lieblingssportler _____

Meine liebste Freizeitbeschäftigung _____

Mein liebster Song _____

Meine Lieblingsstars _____

_____

Und das wünsche ich Dir: _____

_____

_____

Dein(e) _____

Lehrer: „Alle Fragewörter beginnen mit einem W!"
Schüler: „So?"

FOTO

Geburtstag _____

Sternzeichen _____

Geburtsort _____

Größe _____

Augenfarbe _____

Haarfarbe _____

Vor- und Zuname _____

Anschrift _____

_____ Telefon _____

Meine Lieblingsfarbe _____

Mein Lieblingstier _____

Mein Lieblingsgericht _____

Mein liebster Schriftsteller _____

Meine Lieblingsbücher _____

_____

Hobbys _____

Sportarten _____

_____

_____

Mein Lieblingssportler _____

_____

Mein liebster Song _____

_____

Meine Lieblingsstars _____

_____

Meine liebste Freizeitbeschäftigung _____

Und das wünsche ich Dir: _____

_____

_____

Dein(e) _____

> Montagmorgen in der Schule. Die Glocke schrillt zur ersten Pause.
> „Wie spät ist es?"
> „Halb zehn!"
> „Mensch, ist das wieder eine Woche. Die nimmt und nimmt kein Ende!"

ULI · KATHRIN · JOCHEN · PF

OSWALD · NANNI · UWE · ALEXANDRA

FOTO

Geburtstag _____

Sternzeichen _____

Geburtsort _____

Größe _____

Augenfarbe _____

Haarfarbe _____

Vor- und Zuname _____

Anschrift _____

_____ Telefon _____

Meine Lieblingsfarbe _____

Mein Lieblingstier _____

Mein Lieblingsgericht _____

Mein liebster Schriftsteller _____

Meine Lieblingsbücher _____

_____

O · RENATE · CHRISTIAN · PEP

BRUNO · ANNEMARIE · FRITZ · HANNERL · GREGORY · PETRA · WALTER · FLORIAN · INGEBORG · OLIVER

Hobbys _____

_____

Sportarten _____

_____

Mein Lieblingssportler _____

Meine liebste Freizeitbeschäftigung _____

Mein liebster Song _____

Meine Lieblingsstars _____

_____

Und das wünsche ich Dir: _____

_____

_____

Dein(e) _____

Zwei Schulfreundinnen treffen sich nach vielen Jahren wieder. „Na, was machst du denn so?" fragt die eine. „Ich bin beim Theater und verteile da die Rollen."
„Aber das ist doch sicher sehr schwierig!"
„Nein, gar nicht. Muß ja nur in jede Toilette eine!"

FOTO

Geburtstag _____

Sternzeichen _____

Geburtsort _____

Größe _____

Augenfarbe _____

Haarfarbe _____

Vor- und Zuname _____

Anschrift _____

_____ Telefon _____

Meine Lieblingsfarbe _____

Mein Lieblingstier _____

Mein Lieblingsgericht _____

Mein liebster Schriftsteller _____

Meine Lieblingsbücher _____

_____

Hobbys _____

Sportarten _____

_____

_____

Mein Lieblingssportler _____

_____

Mein liebster Song _____

_____

Meine Lieblingsstars _____

_____

Meine liebste Freizeitbeschäftigung _____

Und das wünsche ich Dir: _____

_____

_____

Dein(e) _____

Eine Frau klingelt. Ein Mann öffnet die Tür.
„Ich bin die Mutter von dem kleinen Jungen, der gestern beinahe im See ertrunken wäre. Sie haben ihn doch herausgeholt, nicht?" – „Ja", sagt der Mann stolz. „Ich habe ihn gerade noch erwischt"! – Darauf die Frau voller Empörung: „Und wo ist seine neue Mütze geblieben?"

FOTO

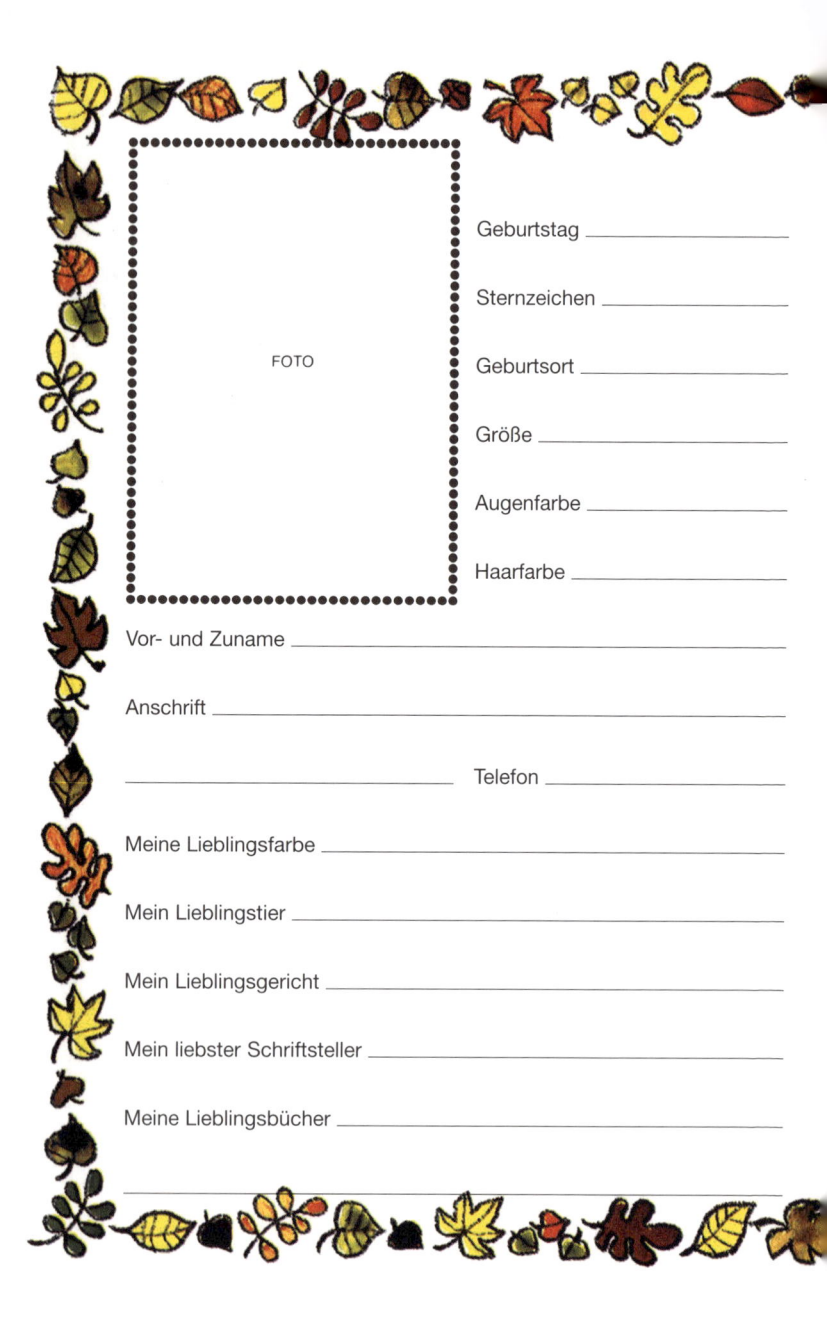

Geburtstag _____

Sternzeichen _____

Geburtsort _____

Größe _____

Augenfarbe _____

Haarfarbe _____

Vor- und Zuname _____

Anschrift _____

_____ Telefon _____

Meine Lieblingsfarbe _____

Mein Lieblingstier _____

Mein Lieblingsgericht _____

Mein liebster Schriftsteller _____

Meine Lieblingsbücher _____

Hobbys _____

_____

Sportarten _____

_____

Mein Lieblingssportler _____

Meine liebste Freizeitbeschäftigung _____

Mein liebster Song _____

Meine Lieblingsstars _____

_____

Und das wünsche ich Dir: _____

_____

_____

Dein (e)
_____

„Wenn ich drei Eier aufs Pult lege, und du legst noch zwei dazu, wie viele sind das dann, Franz?"
„Tut mir leid, Herr Lehrer, aber ich kann keine Eier legen!"

FOTO

Geburtstag _____

Sternzeichen _____

Geburtsort _____

Größe _____

Augenfarbe _____

Haarfarbe _____

Vor- und Zuname _____

Anschrift _____

_____ Telefon _____

Meine Lieblingsfarbe _____

Mein Lieblingstier _____

Mein Lieblingsgericht _____

Mein liebster Schriftsteller _____

Meine Lieblingsbücher _____

_____

Hobbys _____

Sportarten _____

_____

_____

Mein Lieblingssportler _____

_____

Mein liebster Song _____

_____

Meine Lieblingsstars _____

_____

Meine liebste Freizeitbeschäftigung _____

Und das wünsche ich Dir: _____

_____

_____

Dein(e) _____

„Für so ein schlechtes Zeugnis müßte es eigentlich Prügel geben!"
sagt der Vater streng zu seinem Sohn.
„Finde ich auch, Paps! Ich weiß auch, wo der Lehrer wohnt!"

FOTO

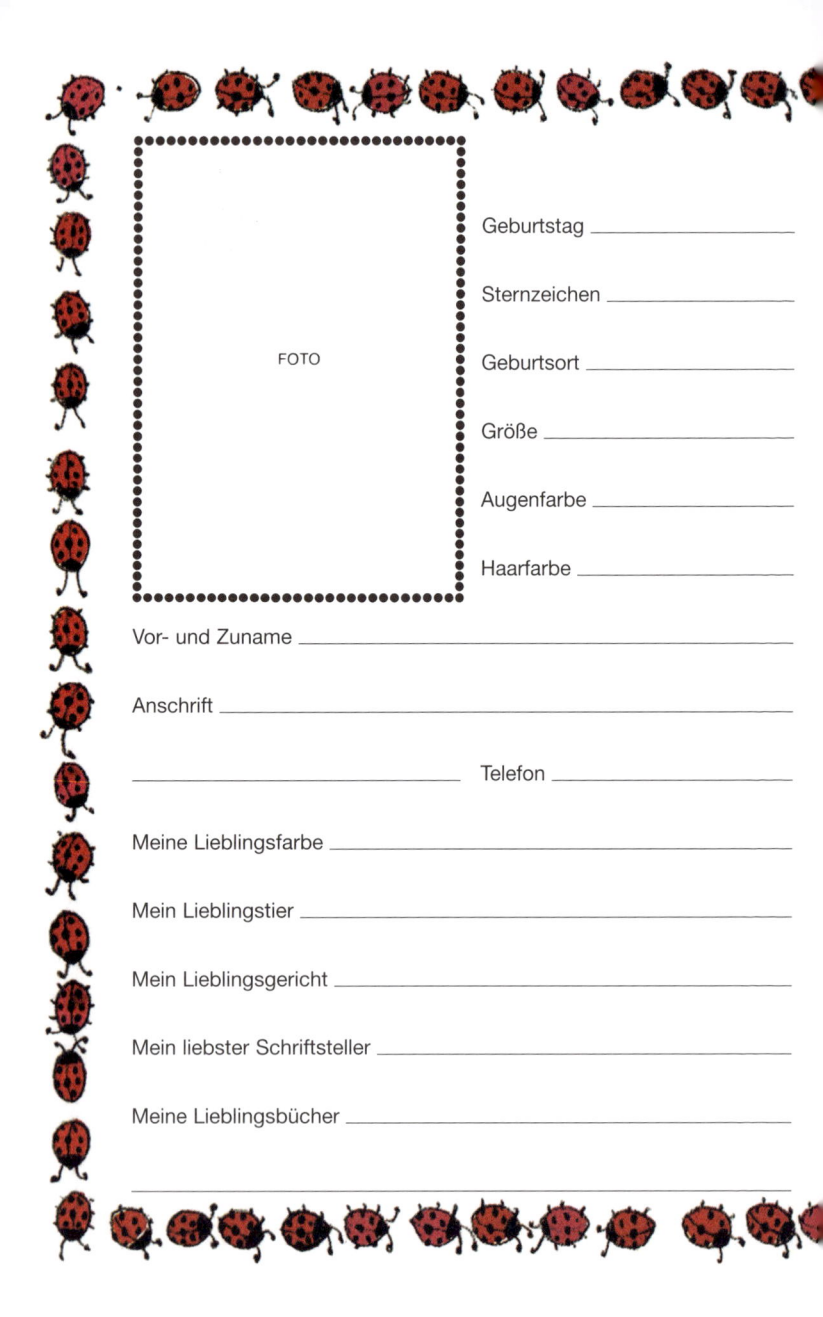

Geburtstag _____

Sternzeichen _____

Geburtsort _____

Größe _____

Augenfarbe _____

Haarfarbe _____

Vor- und Zuname _____

Anschrift _____

_____ Telefon _____

Meine Lieblingsfarbe _____

Mein Lieblingstier _____

Mein Lieblingsgericht _____

Mein liebster Schriftsteller _____

Meine Lieblingsbücher _____

_____

Hobbys _____

_____

Sportarten _____

_____

Mein Lieblingssportler _____

Meine liebste Freizeitbeschäftigung _____

Mein liebster Song _____

Meine Lieblingsstars _____

_____

Und das wünsche ich Dir: _____

_____

_____

Dein (e) _____

„Eumel", sagt der Lehrer, „nenne mir einen griechischen Dichter."
„Achilles!" antwortet der Eumel.
„Aber Achilles war ein Krieger und kein Dichter!"
„Wieso? Er ist doch durch seine Ferse berühmt geworden!"

FOTO

Geburtstag _____

Sternzeichen _____

Geburtsort _____

Größe _____

Augenfarbe _____

Haarfarbe _____

Vor- und Zuname _____

Anschrift _____

_____ Telefon _____

Meine Lieblingsfarbe _____

Mein Lieblingstier _____

Mein Lieblingsgericht _____

Mein liebster Schriftsteller _____

Meine Lieblingsbücher _____

_____

Hobbys _____

Sportarten _____

_____

_____

Mein Lieblingssportler _____

_____

Mein liebster Song _____

_____

Meine Lieblingsstars _____

_____

Meine liebste Freizeitbeschäftigung _____

Und das wünsche ich Dir: _____

_____

_____

Dein (e) _____

"Dein Zeugnis gefällt mir aber ganz und gar nicht!" sagt die Mutter zur kleinen Lisa.
Lisa nickt verständnisvoll. „Mir auch nicht, Mutti", sagt sie schließlich. „Da sieht man's wieder – wenigstens haben wir den gleichen Geschmack!"

FOTO

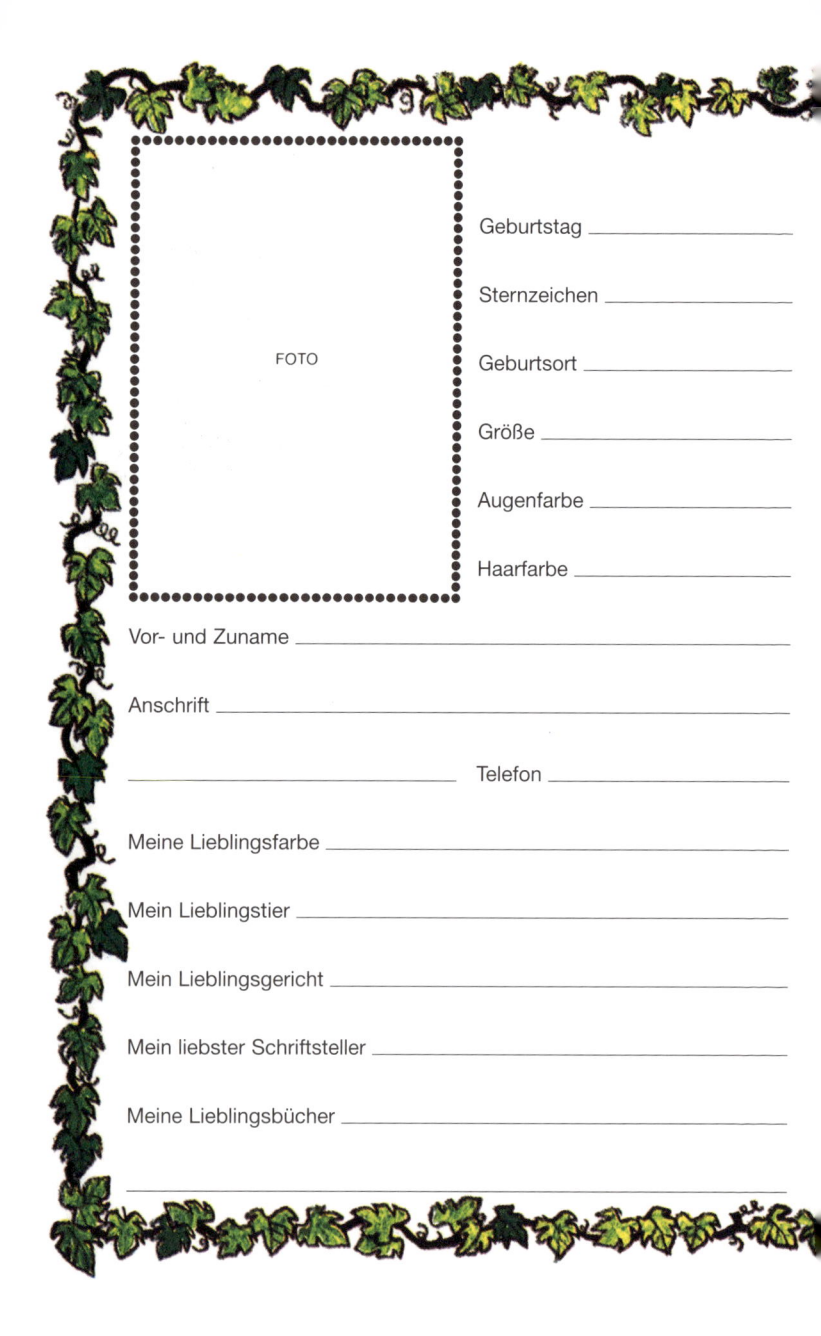

Geburtstag _____

Sternzeichen _____

Geburtsort _____

Größe _____

Augenfarbe _____

Haarfarbe _____

Vor- und Zuname _____

Anschrift _____

_____ Telefon _____

Meine Lieblingsfarbe _____

Mein Lieblingstier _____

Mein Lieblingsgericht _____

Mein liebster Schriftsteller _____

Meine Lieblingsbücher _____

_____

Hobbys _____

_____

Sportarten _____

_____

Mein Lieblingssportler _____

Meine liebste Freizeitbeschäftigung _____

Mein liebster Song _____

Meine Lieblingsstars _____

_____

Und das wünsche ich Dir: _____

_____

_____

Dein(e) _____

> Atemlos kommt der Sprößling von der Schule: „Mutti", japst er, „ich habe eine gute und eine schlechte Nachricht für dich. Die gute will ich dir zuerst verraten: Die Schule ist abgebrannt!"
> „Ja, und die schlechte?"
> „Die Zeugnisse wurden von den Flammen verschont…"

FOTO

Geburtstag _____

Sternzeichen _____

Geburtsort _____

Größe _____

Augenfarbe _____

Haarfarbe _____

Vor- und Zuname _____

Anschrift _____

_____ Telefon _____

Meine Lieblingsfarbe _____

Mein Lieblingstier _____

Mein Lieblingsgericht _____

Mein liebster Schriftsteller _____

Meine Lieblingsbücher _____

_____

Hobbys _____

Sportarten _____

_____

_____

Mein Lieblingssportler _____

_____

Mein liebster Song _____

_____

Meine Lieblingsstars _____

_____

Meine liebste Freizeitbeschäftigung _____

Und das wünsche ich Dir: _____

_____

_____

Dein(e) _____

Das Wunder der Woche:
Der neue Taschenrechner sagt plötzlich zum Schüler: „Keine Sorge, Junge, du kannst immer mit mir rechnen!"

OTTO · MARTINA · RAINER ·

NORBERT · GUDRUN · MAXL · SABINE ·

FOTO

Geburtstag _____

Sternzeichen _____

Geburtsort _____

Größe _____

Augenfarbe _____

Haarfarbe _____

Vor- und Zuname _____

Anschrift _____

_____ Telefon _____

Meine Lieblingsfarbe _____

Mein Lieblingstier _____

Mein Lieblingsgericht _____

Mein liebster Schriftsteller _____

Meine Lieblingsbücher _____

· CLAUDIA · BENI · RIA · CHA

SY · KARLCHEN · BARBARA · NORBERT · LOTTI · PETER · ANGELA · TONY · BRIGITTE · KURTI · DORIS

Hobbys _____

_____

Sportarten _____

_____

Mein Lieblingssportler _____

Meine liebste Freizeitbeschäftigung _____

Mein liebster Song _____

Meine Lieblingsstars _____

_____

Und das wünsche ich Dir: _____

_____

_____

Dein(e) _____

„Gibt es denn überhaupt nichts bei dir, Peter, was etwas schneller geht?"
„Doch, schon, Herr Lehrer. Ich werde sehr schnell müde!"

FOTO

Geburtstag _____

Sternzeichen _____

Geburtsort _____

Größe _____

Augenfarbe _____

Haarfarbe _____

Vor- und Zuname _____

Anschrift _____

_____ Telefon _____

Meine Lieblingsfarbe _____

Mein Lieblingstier _____

Mein Lieblingsgericht _____

Mein liebster Schriftsteller _____

Meine Lieblingsbücher _____

_____

Hobbys _____

Sportarten _____

_____

_____

Mein Lieblingssportler _____

_____

Mein liebster Song _____

_____

Meine Lieblingsstars _____

_____

Meine liebste Freizeitbeschäftigung _____

Und das wünsche ich Dir: _____

_____

_____

Dein(e) _____

Der Vater wütend zum Sohn: „Als ich so alt war wie du, habe ich wie ein Irrsinniger gebüffelt und nochmals gebüffelt."
Darauf der Sohn: „Und wann bist du endlich zur Vernunft gekommen?"

FOTO

Geburtstag _____

Sternzeichen _____

Geburtsort _____

Größe _____

Augenfarbe _____

Haarfarbe _____

Vor- und Zuname _____

Anschrift _____

_____ Telefon _____

Meine Lieblingsfarbe _____

Mein Lieblingstier _____

Mein Lieblingsgericht _____

Mein liebster Schriftsteller _____

Meine Lieblingsbücher _____

_____

Hobbys _____

_____

Sportarten _____

_____

Mein Lieblingssportler _____

Meine liebste Freizeitbeschäftigung _____

Mein liebster Song _____

Meine Lieblingsstars _____

_____

Und das wünsche ich Dir: _____

_____

_____

Dein(e)

„Der Sonnenuntergang ist dir aber ausgezeichnet gelungen!" sagt
der Kunsterzieher zum Eumel. „Hast du einen bestimmten Sonnen-
untergang nach der Natur gemalt?"
„Nein, es war ein Spiegelei!"

FOTO

Geburtstag _____

Sternzeichen _____

Geburtsort _____

Größe _____

Augenfarbe _____

Haarfarbe _____

Vor- und Zuname _____

Anschrift _____

_____ Telefon _____

Meine Lieblingsfarbe _____

Mein Lieblingstier _____

Mein Lieblingsgericht _____

Mein liebster Schriftsteller _____

Meine Lieblingsbücher _____

_____

Hobbys _____

Sportarten _____

_____

_____

Mein Lieblingssportler _____

_____

Mein liebster Song _____

_____

Meine Lieblingsstars _____

_____

Meine liebste Freizeitbeschäftigung _____

Und das wünsche ich Dir: _____

_____

_____

Dein(e) _____

Lehrer: „Wie heißen die frommen Männer, die in der Wüste leben?"
Es meldet sich Max: „Wüstlinge, Herr Lehrer!"

FOTO

Geburtstag _____

Sternzeichen _____

Geburtsort _____

Größe _____

Augenfarbe _____

Haarfarbe _____

Vor- und Zuname _____

Anschrift _____

_____ Telefon _____

Meine Lieblingsfarbe _____

Mein Lieblingstier _____

Mein Lieblingsgericht _____

Mein liebster Schriftsteller _____

Meine Lieblingsbücher _____

_____

Hobbys _____

_____

Sportarten _____

_____

Mein Lieblingssportler _____

Meine liebste Freizeitbeschäftigung _____

Mein liebster Song _____

Meine Lieblingsstars _____

_____

Und das wünsche ich Dir: _____

_____

_____

Dein(e) _____

Fragt der Lehrer in der Schule: „Achim, wieviel ist 5 x 5?"
„22."
„Hm, was hältst du von 25?"
Achim antwortet entrüstet: „Herr Lehrer, sind wir hier in der Schule oder auf einer Versteigerung?"

FOTO

Geburtstag _____

Sternzeichen _____

Geburtsort _____

Größe _____

Augenfarbe _____

Haarfarbe _____

Vor- und Zuname _____

Anschrift _____

_____ Telefon _____

Meine Lieblingsfarbe _____

Mein Lieblingstier _____

Mein Lieblingsgericht _____

Mein liebster Schriftsteller _____

Meine Lieblingsbücher _____

_____

Hobbys _____

Sportarten _____

_____

_____

Mein Lieblingssportler _____

_____

Mein liebster Song _____

_____

Meine Lieblingsstars _____

_____

Meine liebste Freizeitbeschäftigung _____

Und das wünsche ich Dir: _____

_____

_____

Dein (e) _____

„Die ganze Schule ist ein Schwindel!"
„Aber weshalb denn, Peter?"
„Da steht auf einer Tür: 1. Klasse. Und was sehe ich? – Lauter Holzbänke."

FOTO

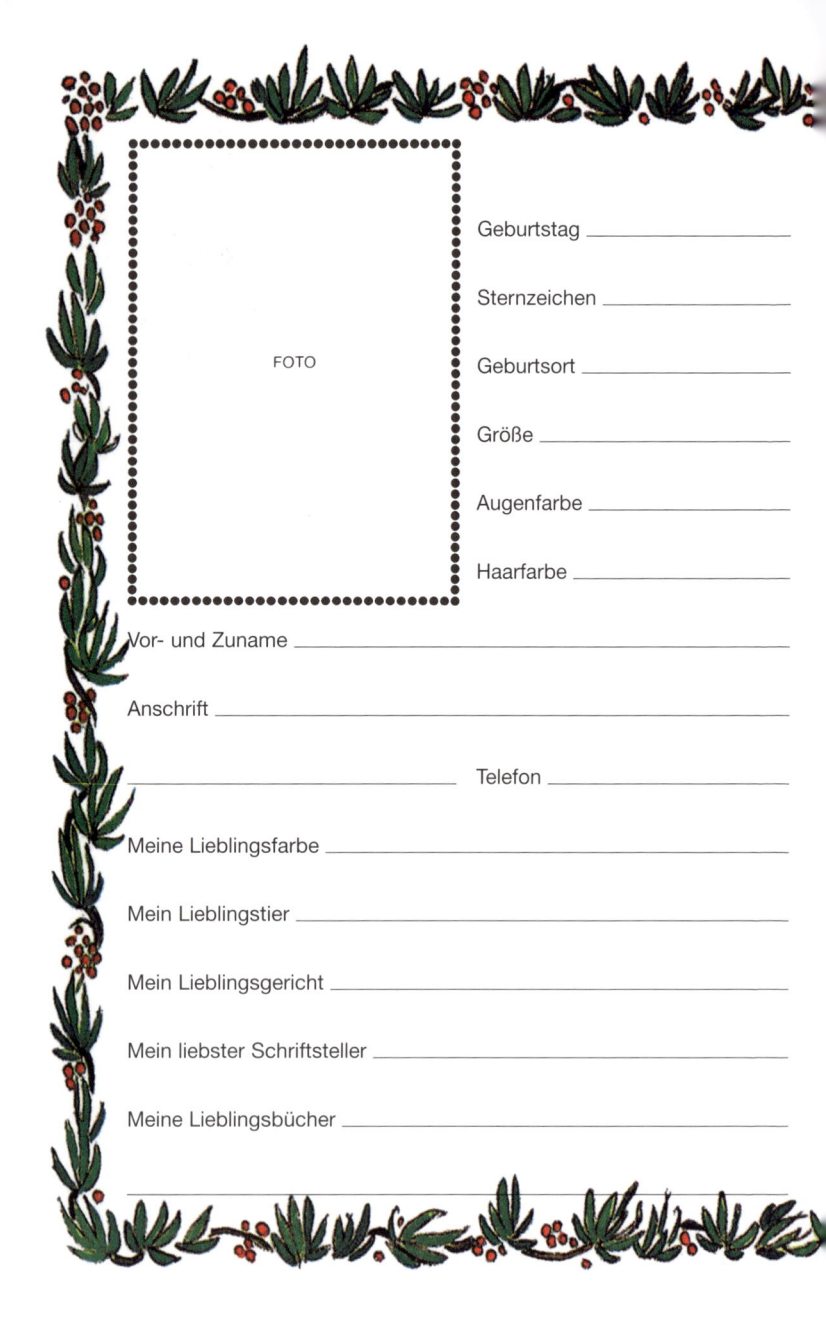

Geburtstag _____

Sternzeichen _____

Geburtsort _____

Größe _____

Augenfarbe _____

Haarfarbe _____

Vor- und Zuname _____

Anschrift _____

_____ Telefon _____

Meine Lieblingsfarbe _____

Mein Lieblingstier _____

Mein Lieblingsgericht _____

Mein liebster Schriftsteller _____

Meine Lieblingsbücher _____

_____

Hobbys _____

_____

Sportarten _____

_____

Mein Lieblingssportler _____

Meine liebste Freizeitbeschäftigung _____

Mein liebster Song _____

Meine Lieblingsstars _____

_____

Und das wünsche ich Dir: _____

_____

_____

Dein(e) _____

Der Lehrer stellt die Hausaufgabe: „Beschreibt bis morgen die Tapeten in eurem Zimmer."
Karlchen schrieb nur: „Mein Vater hat uns das Beschreiben der Tapeten verboten."

FOTO

Geburtstag _____

Sternzeichen _____

Geburtsort _____

Größe _____

Augenfarbe _____

Haarfarbe _____

Vor- und Zuname _____

Anschrift _____

_____ Telefon _____

Meine Lieblingsfarbe _____

Mein Lieblingstier _____

Mein Lieblingsgericht _____

Mein liebster Schriftsteller _____

Meine Lieblingsbücher _____

_____

Hobbys _____

Sportarten _____

_____

_____

Mein Lieblingssportler _____

_____

Mein liebster Song _____

_____

Meine Lieblingsstars _____

_____

Meine liebste Freizeitbeschäftigung _____

Und das wünsche ich Dir: _____

_____

_____

Dein(e) _____

Die Achtkläßler wollen die neue Lehrerin gleich gebührend empfangen und setzen sich deshalb auf die Heizkörper, die sich an der ganzen Fensterfront entlangziehen. Gespannt warten sie, was die Neue wohl sagen wird. Die Lehrerin kommt, zieht die Augenbrauen hoch und sagt: „Meine Herren, wenn die Höschen trocken sind, setzen Sie sich doch bitte wieder auf die Plätze!"

ULI · KATHRIN · JOCHEN · PI

FOTO

Geburtstag _____

Sternzeichen _____

Geburtsort _____

Größe _____

Augenfarbe _____

Haarfarbe _____

Vor- und Zuname _____

Anschrift _____

_____ Telefon _____

Meine Lieblingsfarbe _____

Mein Lieblingstier _____

Mein Lieblingsgericht _____

Mein liebster Schriftsteller _____

Meine Lieblingsbücher _____

_____

OSWALD · NANNI · UWE · ALEXANDRA ·

O · RENATE · CHRISTIAN · PEP

BRUNO · ANNEMARIE · FRITZ · HANNERL · GREGORY · PETRA · WALTER · FLORIAN · INGEBORG · OLIVER

Hobbys _____

_____

Sportarten _____

_____

Mein Lieblingssportler _____

Meine liebste Freizeitbeschäftigung _____

Mein liebster Song _____

Meine Lieblingsstars _____

_____

Und das wünsche ich Dir: _____

_____

_____

Dein(e) _____

> Vater zum Lehrer: „Finden Sie auch, daß mein Sohn viele originelle Einfälle hat?"
> „O ja, besonders in der Rechtschreibung."

FOTO

Geburtstag _____

Sternzeichen _____

Geburtsort _____

Größe _____

Augenfarbe _____

Haarfarbe _____

Vor- und Zuname _____

Anschrift _____

_____ Telefon _____

Meine Lieblingsfarbe _____

Mein Lieblingstier _____

Mein Lieblingsgericht _____

Mein liebster Schriftsteller _____

Meine Lieblingsbücher _____

_____

Hobbys _____

Sportarten _____

_____

_____

Mein Lieblingssportler _____

_____

Mein liebster Song _____

_____

Meine Lieblingsstars _____

_____

Meine liebste Freizeitbeschäftigung _____

Und das wünsche ich Dir: _____

_____

_____

Dein(e) _____

Lehrerin: „Welches Insekt braucht die wenigste Nahrung?"
Schüler: „Die Motte, Frau Lehrerin, sie frißt Löcher!"

FOTO

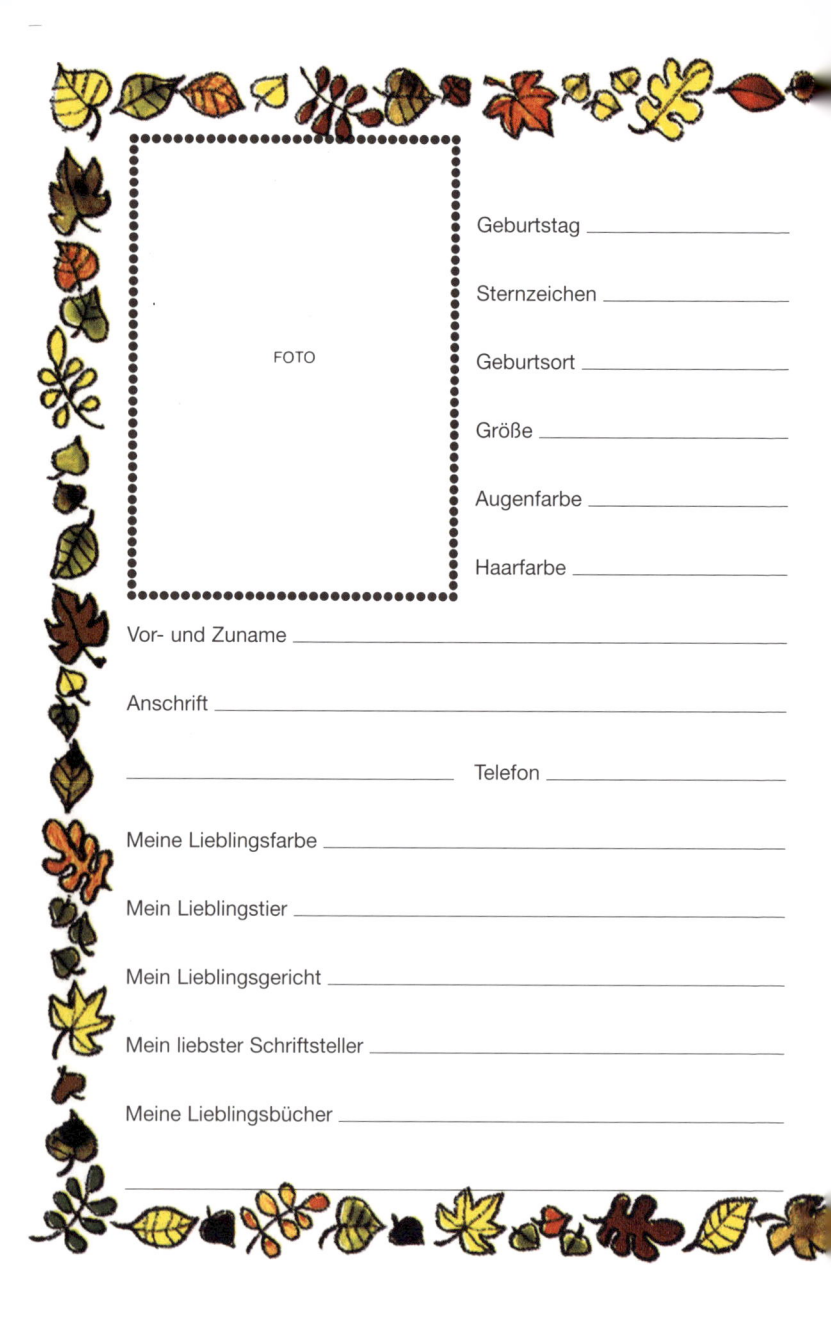

Geburtstag _____

Sternzeichen _____

Geburtsort _____

Größe _____

Augenfarbe _____

Haarfarbe _____

Vor- und Zuname _____

Anschrift _____

_____ Telefon _____

Meine Lieblingsfarbe _____

Mein Lieblingstier _____

Mein Lieblingsgericht _____

Mein liebster Schriftsteller _____

Meine Lieblingsbücher _____

Hobbys _____

_____

Sportarten _____

_____

Mein Lieblingssportler _____

Meine liebste Freizeitbeschäftigung _____

Mein liebster Song _____

Meine Lieblingsstars _____

_____

Und das wünsche ich Dir: _____

_____

_____

Dein(e) _____

Lehrer zum Schüler: „Was versteht man unter einer Bahnunterführung?"
Schüler: „Wenn gerade ein Zug darüberfährt – kein Wort!"

FOTO

Geburtstag _____

Sternzeichen _____

Geburtsort _____

Größe _____

Augenfarbe _____

Haarfarbe _____

Vor- und Zuname _____

Anschrift _____

_____ Telefon _____

Meine Lieblingsfarbe _____

Mein Lieblingstier _____

Mein Lieblingsgericht _____

Mein liebster Schriftsteller _____

Meine Lieblingsbücher _____

_____

Hobbys _____

Sportarten _____

_____

_____

Mein Lieblingssportler _____

_____

Mein liebster Song _____

_____

Meine Lieblingsstars _____

_____

Meine liebste Freizeitbeschäftigung _____

Und das wünsche ich Dir: _____

_____

_____

Dein (e) _____

Der Lehrer: „Was geschah 1759?"
Fritz: „Da wurde Schiller geboren."
„Gut! Und 1762?"
„Da feierte er seinen 3. Geburtstag."

FOTO

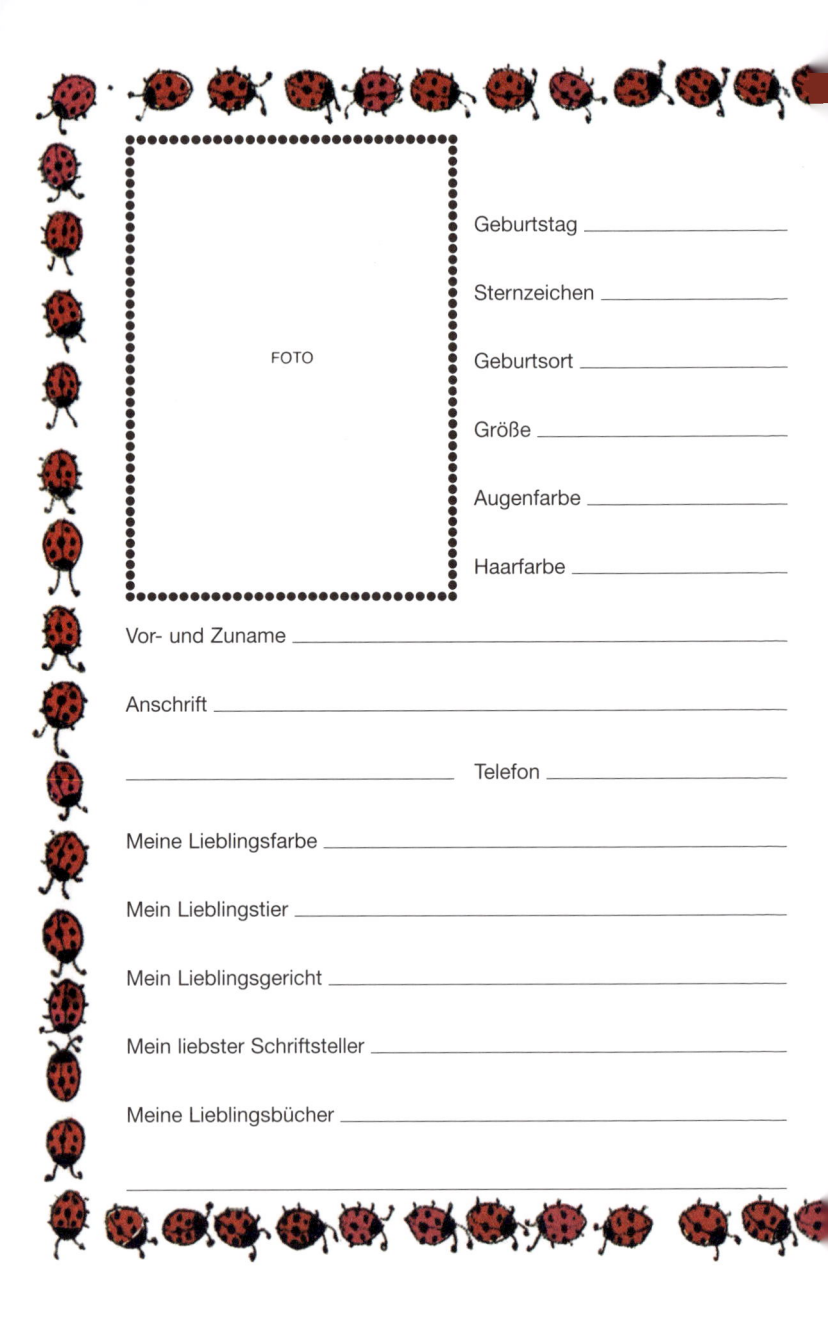

Geburtstag _____

Sternzeichen _____

Geburtsort _____

Größe _____

Augenfarbe _____

Haarfarbe _____

Vor- und Zuname _____

Anschrift _____

_____ Telefon _____

Meine Lieblingsfarbe _____

Mein Lieblingstier _____

Mein Lieblingsgericht _____

Mein liebster Schriftsteller _____

Meine Lieblingsbücher _____

_____

Hobbys _____

_____

Sportarten _____

_____

Mein Lieblingssportler _____

Meine liebste Freizeitbeschäftigung _____

Mein liebster Song _____

Meine Lieblingsstars _____

_____

Und das wünsche ich Dir: _____

_____

_____

Dein(e) _____

Sagt Fritzchen zum Lehrer: „Ich will Ihnen keine Angst einjagen, aber Papa hat gesagt, wenn ich diesmal kein besseres Zeugnis mit nach Hause bringe, dann kann sich jemand auf was gefaßt machen!"

FOTO

Geburtstag _____

Sternzeichen _____

Geburtsort _____

Größe _____

Augenfarbe _____

Haarfarbe _____

Vor- und Zuname _____

Anschrift _____

_____ Telefon _____

Meine Lieblingsfarbe _____

Mein Lieblingstier _____

Mein Lieblingsgericht _____

Mein liebster Schriftsteller _____

Meine Lieblingsbücher _____

_____

Hobbys _____

Sportarten _____

_____

_____

Mein Lieblingssportler _____

_____

Mein liebster Song _____

_____

Meine Lieblingsstars _____

_____

Meine liebste Freizeitbeschäftigung _____

Und das wünsche ich Dir: _____

_____

_____

Dein(e) _____

Die Oberschülerin Thea kommt nach Hause, sieht ihren Vater an und sagt: „Ich habe eine gute und eine schlechte Nachricht für dich. Zuerst die gute: Ich habe in Mathematik eine Eins geschrieben. Und jetzt die schlechte: Es stimmt nicht!"

FOTO

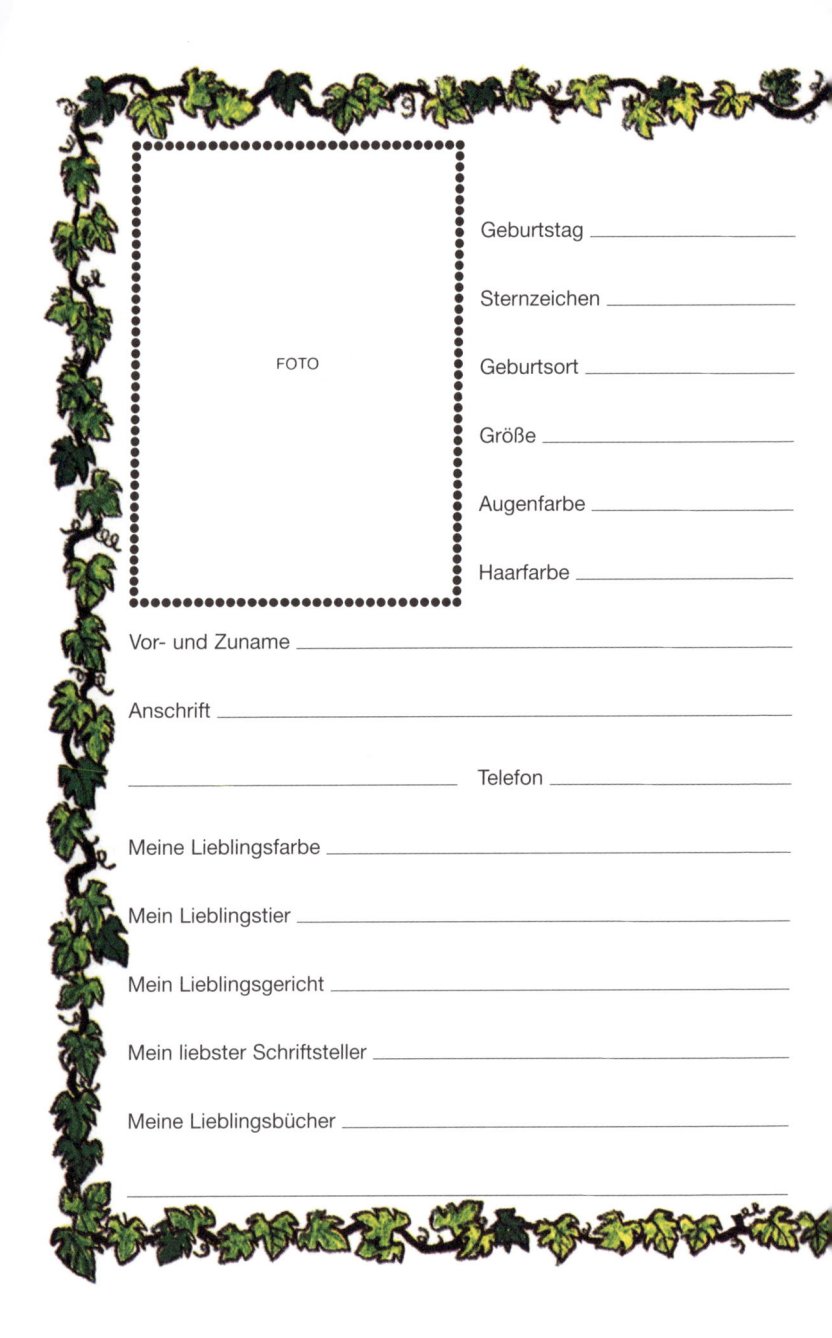

Geburtstag _____

Sternzeichen _____

Geburtsort _____

Größe _____

Augenfarbe _____

Haarfarbe _____

Vor- und Zuname _____

Anschrift _____

_____ Telefon _____

Meine Lieblingsfarbe _____

Mein Lieblingstier _____

Mein Lieblingsgericht _____

Mein liebster Schriftsteller _____

Meine Lieblingsbücher _____

_____

Hobbys _____

_____

Sportarten _____

_____

Mein Lieblingssportler _____

Meine liebste Freizeitbeschäftigung _____

Mein liebster Song _____

Meine Lieblingsstars _____

_____

Und das wünsche ich Dir: _____

_____

_____

Dein(e) _____

Strahlend kommt Max aus der Schule heim. „Du hattest mir doch eine Mark versprochen, wenn ich versetzt werde, nicht wahr, Vati?"
„Ja, das habe ich."
„Die hast du dir gespart."

FOTO

Geburtstag _____

Sternzeichen _____

Geburtsort _____

Größe _____

Augenfarbe _____

Haarfarbe _____

Vor- und Zuname _____

Anschrift _____

_____ Telefon _____

Meine Lieblingsfarbe _____

Mein Lieblingstier _____

Mein Lieblingsgericht _____

Mein liebster Schriftsteller _____

Meine Lieblingsbücher _____

_____

Hobbys _____

Sportarten _____

_____

_____

Mein Lieblingssportler _____

_____

Mein liebster Song _____

_____

Meine Lieblingsstars _____

_____

Meine liebste Freizeitbeschäftigung _____

Und das wünsche ich Dir: _____

_____

_____

Dein(e) _____

Der Lehrer erklärt: „Hitze dehnt aus, Kälte zieht zusammen! Wer kann mir ein Beispiel dafür nennen?"
Da meldet sich der Maxl: „Die Ferien, Herr Lehrer! Im Sommer dauern sie sechs Wochen und im Winter nur vierzehn Tage!"

OTTO · MARTINA · RAINER ·

NORBERT · GUDRUN · MAXL · SABINE ·

FOTO

Geburtstag _____

Sternzeichen _____

Geburtsort _____

Größe _____

Augenfarbe _____

Haarfarbe _____

Vor- und Zuname _____

Anschrift _____

_____ Telefon _____

Meine Lieblingsfarbe _____

Mein Lieblingstier _____

Mein Lieblingsgericht _____

Mein liebster Schriftsteller _____

Meine Lieblingsbücher _____

_____

· CLAUDIA · BENI · RIA · CHA

SY · KARLCHEN · BARBARA ·

NORBERT · LOTTI · PETER · ANGELA · TONY

Hobbys _____

_____

Sportarten _____

_____

Mein Lieblingssportler _____

Meine liebste Freizeitbeschäftigung _____

Mein liebster Song _____

Meine Lieblingsstars _____

_____

Und das wünsche ich Dir: _____

_____

_____

Dein(e) _____

Der Lehrer fragt: „Max, wer hat die Teutonen geschlagen?"
Max bedauert: „Tut mir leid, Herr Lehrer, aber das Spiel muß ich im Fernsehen verpaßt haben."

Y · BRIGITTE · KURTI · DORIS

FOTO

Geburtstag _____

Sternzeichen _____

Geburtsort _____

Größe _____

Augenfarbe _____

Haarfarbe _____

Vor- und Zuname _____

Anschrift _____

_____ Telefon _____

Meine Lieblingsfarbe _____

Mein Lieblingstier _____

Mein Lieblingsgericht _____

Mein liebster Schriftsteller _____

Meine Lieblingsbücher _____

_____

Hobbys _____

_____

Sportarten _____

_____

Mein Lieblingssportler _____

Meine liebste Freizeitbeschäftigung _____

Mein liebster Song _____

Meine Lieblingsstars _____

_____

Und das wünsche ich Dir: _____

_____

_____

$\mathcal{D}ein(e)$ _____

„Warst Du brav in der Schule?" will die Mama vom kleinen Ernstl wissen. „Was kann man schon anstellen, wenn man den ganzen Vormittag in der Ecke stehen muß!" schimpft Ernstl.

Der Schneider Verlag im Internet:
http://www.schneiderbuch.de

© 2000 by Egmont Franz Schneider Verlag GmbH, München
Alle Rechte vorbehalten
Vertrieb durch Egmont vgs verlagsgesellschaft mbH, Köln
Grafische Gestaltung: Ebba Feistkorn
Umschlagbild und Innenillustrationen: Nikolaus Moras
Umschlaggestaltung: ART-DESIGN Wolfrath, München
Druck: Weber-Offset, München
Bindung: Conzella Urban Meister, München-Dornach